Schweden

KLEINES PORTRAIT EINES KLEINEN LANDES

DAMM FÖRLAG

In diesem Buch geht es um das Land Schweden, um sonst nichts. Es möchte ein kleines Portrait eines kleinen, aber auch ein bißchen ungewöhnlichen Landes malen.

Ein ungewöhnlich schönes Land, wie uns Schweden oft gesagt wird – und das hören wir gerne, denn wir finden das meistens auch. Wir glauben, das Beste an Schweden ist Schweden selbst.

Aber wir sind fähig, es mit anderen zu teilen.

Freundlich, genießerisch und in kleinen Portionen. Ein Blick hierhin, ein Blick dahin. Zeigen, wie es ist, zeigen, wo man vielleicht besser wegschauen sollte, und ein bißchen von dem, wohin wir uns entwickeln.

Natürlich müssen wir selbst auch manchmal ein bißchen daran erinnert werden, was wir an unserem Land haben, und daran wie wir die Dinge in unserem Land eigentlich haben möchten. Dann besteht eher die Chance, daß es so bleibt und auch weiterhin so aussehen wird wie in diesem Buch.

Damit wir nicht eines Tages aufwachen und uns fragen, was mit unserem Traum passiert ist.

Magnus Rietz
Herausgeber

Inhalt

STOCKHOLM 4
Stadt des Nordlichts
Die Schären um Stockholm

SÜDSCHWEDEN 22
Offene, lächelnde Landschaften

DIE WESTKÜSTE 34
Felsenküsten aus Granit, Badeorte und Fischerdörfer

SCHWEDISCHE HÄUSER 46
Von Schlössern bis zu Hütten

GOTLAND 54
Eine einzigartige Insel

DALARNA 66
Heimat der schwedischen Romantik

DIE WÄLDER 74
Zuflucht und Schatz

LAPPLAND 82
Die große Wildnis

FESTE UND FEIERTAGE 94
Die Höhepunkte des Jahres

AUSFLÜGE UND SEHENSWÜRDIGKEITEN 102
Wer eine Reise tut, der kann etwas erzählen...

UNSER BEITRAG ZUM GEMEINSAMEN ERBE DER WELT 110
Bewahrenswerte Orte. Karte

Stockholm

STADT DES NORDLICHTS

Das Segelschiff af Chapman liegt in Skeppsholmen gegenüber dem Königspalast vertäut, der weiße Rumpf spiegelt sich im Wasser.

Die traditionellen Inselboote treiben V-förmige Bugwellen in die ruhige Wasseroberfläche, wenn sie aus dem Blasieholmenkai auslaufen.

Die Djurgården-Fähre verkehrt zwischen Djurgården und Slussen. Im Westen überbrückt der Bogen der Västerbronbrücken das glitzern Wasser des Mälarsees. Schaut man gen Westen, so erblickt man die Stadthalle, in der jedes Jahr im Dezember die Verleihung des Nobelpreises stattfindet. Gen Osten in Richtung offenes Meer säumt eine Kette grüner Inseln die Schiffahrtsroute nach Stockholm. Im Mittelpunkt des Bildes liegt die Altstadt mit ihren mittelalterlichen Gassen, dicht an dicht gedrängten Dächern und mehrere hundert Jahre alten Häusern, deren hübsche historische Fassaden zum Meer hin weisen.

Von Hafenmolen und Booten aus fischen die Angler nach Meerforellen und Ostseeheringen.

Gamla Stan, Stockholms Altstadt, vom Stadshustornet aus gesehen, dem Turm des Stockholmer Rathauses. Die meisten Gebäude auf dieser Insel, dem ursprünglichen Stadtkern von Stockholm, sind seit dem 17. Jahrhundert nicht zerstört worden.

Stockholm, Schwedens Hauptstadt, ist auf ungefähr zehn felsigen Insel erbaut, genau an der Stelle, wo der große Mälarsee in die Ostsee mündet. Die Stadt am Wasser ist weltberühmt für ihre Schönheit und wird manchmal auch Venedig des Nordens oder Königin des Mälarsees genannt. Das klingt vielleicht ein wenig nach Klischee, stimmt aber dennoch, insbesondere an lauen Sommerabenden im Juni, wenn der helle Nordhimmel in ein bläuliches pink getaucht ist und ein warmer Wind die frischen Blätter der Bäume streichelt. Dann ist Stockholm in der Tat herzerweichend schön.

Der eben beschriebene Blick erˆffnet sich einem von den Mosebacketerrassen im Bezirk Södermalm, nur einen Steinwurf weit von Slussen weg. Hier wurde Schwedens bedeutendster Schriftsteller August Strindberg zur Erüffnungsszene seines Romans *Das rote Zimmer* inspiriert, der bei seiner Veröffentlichung im Jahre 1879 großes Aufsehen erregte und später zu einem echten Klassiker wurde.

Die Menschen, die 1628 an dieser Stelle standen, konnten das Drama mitverfolgen, als das Kriegsschiff Wasa vor Beckholmen unterging. Nun kann man das Schiff in einem Museum unweit der damaligen Untergangs-

Altstadt, Köpmanbrinken.
An der nächsten Ecke links können
Sie in dem Restaurant Diana in einem
Kellergewölbe aus dem 17. Jahrhundert
eine Zeitreise unternehmen.

stelle bewundern.

Die beste Aussicht hat man heutzutage vom Katarinahissen aus, ein öffentlicher Aufzug fährt zur Klippe hinauf, die nur wenige Gehminuten vom Mosebacke entfernt ist. Dies ist ein idealer Ausgangspunkt für einen Stadtrundgang. Statt den Aufzug zu nehmen, steigen wir zu Fuß die Södermalmhöhen in Richtung Urvädersgränd hinab und gelangen so zu jener kopfsteingepflasterten Gasse, in der der Dichter und Sänger Carl Michael Bellman im 18. Jahrhundert lebte.

Slussen, ein schmaler Wasserlauf, der vom Mälarsee kommend in die Ostsee mündet, kann im Sommer mit Vergnügungsschiffen überfüllt sein, die ihren Weg hinaus zu den Inseln suchen. Slussen ist zudem Schauplatz eines genialen Verkehrssystems, ein Ausdruck des Funktionalismus im Herzen der Stadt. Als Schweden 1967 den Rechtsverkehr einführte, erwies sich, daß das Karussell auf zwei Ebenen genauso effektiv funktionierte wie früher, als die Leute noch links fuhren.

Wenn wir Richtung Gamla Stan (die Altstadt) gehen, liegt der Mälarsee zu unserer linken. Weit im Westen, an den Ufern dieses großen Sees, liegt die Wikingersiedlung

Die Stadtsilhouette sieht in der Abenddämmerung am besten aus. Ein paar Wochen um Mittsommernacht herum ist der Nachthimmel tiefblau, und Nachtschwärmer sehen Stockholm in ganz neuem Licht.

Birka. Die archäologischen Ausgrabungen brachten Funde aus dem 9. und 11. Jahrhundert vor Christus zutage. Die schwedische Königsfamilie lebt am Mälarsee, im Palast Drottningholm, einem beliebten Ausflugsziel, zu dem es mit alten Dampfern geht.

Die Altstadt, oder auch Stadt zwischen den Brücken, ist das historische Herz Stockholms. Im 12. Jahrhundert war diese strategisch günstig gelegene Insel nur bescheiden befestigt. Hundert Jahre später, Mitte des 13. Jahrhunderts, gründete Birger Jarl dann die später unter dem Namen Stockholm bekannt gewordene Stadt. Ab dem 16. Jahrhundert wurde Stockholm als Verwaltungszentrum immer wichtiger, und ein Bummel durch Gamla Stan ist ein Spaziergang durch die Zeit, vom 13. Jahrhundert bis heute. Gamla Stan beherbergt auch den Königspalast, der in weiten Teilen für die Öffentlichkeit zugänglich ist.

Die Schwedische Akademie, die den Nobelpreis für Literatur vergibt, befindet sich in Börshuset (der Alten Börse). Ihre Mitglieder dinieren manchmal im histori-

schen Wirtshaus Gyldene Freden am Järntorget, seit dem 18. Jahrhundert Treffpunkt der Stockholmer Dichter. Das Stadtzentrum ist nur einen kurzen Fußmarsch von der Altstadt entfernt, und auch die Natur befindet sich ganz in der Nähe. Djurgården ist ein Teil von Stockholms einzigartigem städtischen Nationalpark, Ekoparken, der bis nach Haga am Nordende der Stadt reicht. Ostwärts befindet sich das Archipel mit seinen Zehntausenden von Inseln. Um auf den Geschmack zu kommen, sollte man Fjäderholmarna besuchen, die in 20 Minuten Bootsfahrt von Slussen aus zu erreichen ist.

Falls es einen noch weiter in die Inselgruppe hinauszieht, bestehen zwei Möglichkeiten. Die nördlichere Route geht über Vaxholm, Knotenpunkt des Bootsverkehrs innerhalb des Archipels, die schon allein wegen ihrer Festung und der malerischen Kleinstadtatmosphäre einen Besuch wert ist. Ansonsten kann man aber auch die sogenannte idyllische Route über Baggensstäket nehmen, wo Schweden im August 1719 die russische Marine besiegte.

Einige der einzigartigen Attraktionen von Stockholm – das Wasa-Schiffmuseum, Angeln bei Strömmen, Segeln auf dem Riddarfjärden und Ballonfahrten über dem Stadtzentrum an Sommerabenden.

Das beliebteste Spektakel überhaupt – das Stockholmer Wasserfestival. Nach einer nächtlichen Feuerwerk-Show fahren Hunderte von Booten durch den Riddarfjärden nach Hause.

*Im Globe-Stadium. In dem Stadium findet alles statt,
vom Eishockey-Match zum Rockkonzert, von der Lucia-Feier bis zur Bootsmesse.*

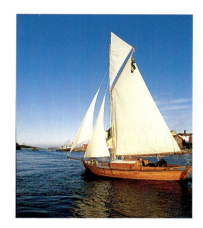

Die Stockholmer Archipel

Dieses große Archipel mit seinen Meeresarmen und Meerengen, den gewundenen Wasserstraßen zwischen Tausenden von Inseln und Schären ist einmalig. Die Gesamtzahl beläuft sich auf 24.000.

Dem Festland am nächsten befindet sich das innere Archipel mit großen, bewaldeten Inseln. Weiter draußen, im zentralen Archipel, werden die Inseln kleiner und das Wasser stärker durchzogen von Inselchen und unter Wasser liegenden Felsen. Am weitesten draußen liegt das äußere Archipel, und dort, wo das offene Meer beginnt, sind die Inseln flach, die Schären kahl und die Vegetation in den Felsspalten zusammengedrängt, um Schutz vor dem Wind zu finden. Diese Inseln sind von Robben, Seevögeln und Seeadlern bevölkert.

Hier draußen verlassen sich die Leute nicht auf den Zufall und garantieren einem nur bei ruhiger Wetterlage eine sichere Überfahrt. Aber an herrlichen Sommertagen möchten die Menschen immer am liebsten hier sein, inmitten der Stille, der Pracht, des Sonnenlichts, das von Osten her erscheint und auf den Wellen glitzert, die über das Meer dahinwogen. Zu Zeiten unserer Großeltern sah dieses Sommerparadies jedoch noch ganz anders aus.

Eine Juninacht in Högskär, Arholma.

Die äußeren Schären sind ein harter Arbeitsplatz für die Inselbevölkerung nahe dem Festland, die früher für einige Wochen hierher ruderten oder segelten, um nach Heringen zu fischen, die dann in Salz eingelegt wurden. Dadurch ergab sich ein wichtiges Zubrot zur Hauptnahrung und außerdem eine Handelsware, mit der sich Güter erwerben ließen, die man nicht selbst herstellen konnte. Schon seit Jahrhunderten ist das Archipel bewohnt. Heutzutage sind Svartlöga, Rödlöga und andere weit entfernte Inseln im Winter verlassen und erwachen erst wieder zum Leben, wenn die Sommerfrischler ankommen, um in den Häusern ihrer Vorfahren zu wohnen. Auf lange Sicht gesehen war es den Menschen hier unmöglich, sich mit Feldarbeit, Fischerei und Jagd am Leben zu halten.

Neue Technologien schufen auf den neue Arbeitsplätze Inseln. Wenn man seine Versicherung anrufen möchte, kann es sehr wohl sein, daß der Vertreter auf Möja sitzt, eine der größeren Inseln im Zentralarchipel.

Touristen und Sommerfrischler sind eine entscheidende Einnahmequelle für die Inselbewohner. Geschäfte, Restaurants und Handwerker machen im Sommer ein glänzendes Geschäft.

Die traditionellen weißen Inselboote sind ein allseits beliebtes Merkmal für das Leben in Stockholms Archipel. Sie befördern schon seit über hundert Jahren Menschen und Güter zwischen den Inseln.

Das Archipel erstreckt sich auf 150 km Länge von Norden nach Süden entlang der Küste, die Entfernung vom Stadtzentrum Stockholms bis zum östlichsten Punkt, Svenska Högarna, eine ehemalige Leuchtturminsel und Luftwaffenstützpunkt, beträgt 80 km Luftlinie. Hier kann man sein ganzes Leben lang umhersegeln und hat immer noch nicht alles gesehen.

Svenska Högarna – die am weitesten außen gelegene der Inselgruppen in den Schären um Stockholm.

An einem Tag Anfang Juni segelt jedes Jahr eine lange Prozession von Oldtimer-Schiffen raus nach Vaxholm. Tausende von Liebhabern empfangen sie am Kai.

Mittagessen auf der Mole – der schwedische Sommer à la Carte.

Ungefähr 400 Boote nehmen an der Gotland Runt teil, der größten Meeres-Segelregatta der Welt, die jedes Jahr Anfang Juli Sandham für einige Tage lahmlegt. Aber am 1. Januar gibt es nicht allzuviele Segler hier in der Gegend. Nur die Vaxholm-Fähre Skarpö fährt so weit heraus.

Die schnellsten Boote der Gotland Runt-Segelregatta umrunden die Insel und kreuzen die Ziellinie in knapp mehr als zwei Tagen.

Die Vaxholm-Fähre Storskär ist der König der Schärendampfer. Bei dreizehn Knoten Fahrt können Sie auf Deck stehen und zusehen, wie die Molen, Inseln und Buchten langsam vorbeigleiten.

Der Süden

SMÅLAND, ÖLAND UND SCHONEN.

Småland liegt in der Mitte Südschwedens und ist im Gegensatz zu ihrem Namen die größte Provinz in Götaland. Der Name stammt aus einer Zeit im Mittelalter, als verschiedene "kleine Distrikte" oder Gemeinden vereinigt wurden, um diese reiche und abwechslungsreiche Landschaft zu bilden.

Das Hochland im Nordwesten Smålands mit seinen tiefen Tälern breitet sich wellenförmig aus. Südschwedens höchster Punkt ist bei Tomtabacken und liegt 378 Meter über dem Meeresspiegel. Das Hochland wird von den vom Atlantik kommenden feuchten Winden getroffen, und dieses extrem regen- und schneereiche Klima entscheidet sich merklich von dem der flachen Küsten im Osten, die vor Regen geschützt sind.

Nirgendwo sonst in Schweden sind die Häuser so sehr in die Landschaft eingebettet wie in Småland.

An Natur und unterschiedlichen Landschaften hat Småland jede Menge zu bieten. Ausgedehnte Wälder, friedliche Seen, unterschiedliche Kulturlandschaften, offene Küsten und Schären.

Hier in Småland, Südschwedens am dichtesten bewaldeten Gebiet, war die Holzindustrie lange Zeit von großer Bedeutung. Möbel und montagefertige Holzhäuser sind nur zwei Beispiele. Heutzutage sind die weltweit berühmtesten Produkte wahrscheinlich die Möbel von IKEA, die man zu Hause selbst zusammenbaut.

Früher wurden auch Sicherheitstreichhölzer in die Welt hinaus exportiert, und zwar von der Mitte des 19. Jahrhunderts an. Smålands unternehmungslustige Naturen sind legendär.

Neben großen Unternehmen wie Huskvarna haben auch die kleineren Firmen rund um Gnosjö Wirtschaftskrisen und harte Zeiten gut überstanden.

Zahlreiche Steinwälle und Grenzmarkierungen in landwirtschaftlich genutzten Gegenden erinnern an die unermÜdliche Arbeit der Bauern, die bepflanzbaren

Die Ölandsbrücke, eingeweiht 1972, verbindet die Insel Öland mit dem Festland.

Der Leuchtturm Högby auf Öland ist die Heimat des Künstlers Stephan Lundh, wo er malt, angelt und nach Wracks taucht. Hunderte von Schiffen sind entlang der Ostküste von Öland versunken, unter anderem das Kriegsschiff Kronan, das 1980 vor Segerstad entdeckt wurde. Es wurde 1676 in einer Seeschlacht zwischen der dänischen und der niederländischen Flotte versenkt. Viele Gegenstände von diesem Wrack befinden sich inzwischen im Provinzmuseum Kalmar.

Flächen auf den steinigen Südosten Smålands auszudehnen. Da mit dieser Arbeit nicht alle Familienmitglieder ernährt werden konnten, fand Mitte des vorigen Jahrhunderts eine Massenauswanderung nach Amerika statt. 1882 war das absolute Rekordjahr, in dem mehr als 50.000 Schweden in das große Land auf der anderen Seite des Atlantik übersiedelten.

Der Schriftsteller Vilhelm Moberg beschrieb diese Zeit in einer Reihe von Büchern, die schließlich verfilmt und von den Mitgliedern der Popgruppe ABBA, Benny Andersson und Björn Ulvaeus, auch in ein Musical umgesetzt wurden.

In dieser Gegend liegen Städte, die in der ganzen Welt berühmt sind für ihre qualitativ hochwertigen Glas- und Kristallerzeugnisse, zum Beispiel Kosta, Boda und Orrefors. Dieses Land hat eine Tradition in Glas, die bis ins 18. Jahrhundert zurückreicht. Viele Glashütten wurden mittlerweile geschlossen, aber ein Ausflug rund um die Glaswerke dieser reizenden Landschaft ist auch heute noch ein Muß für jeden Besucher.

ÖLAND

"Kaum waren wir an den Stränden von Öland angekommen, als uns auffiel, daß diese Landschaft ganz anders ist als die anderen schwedischen Provinzen."

Das sagte Carl von Linné, Schwedens weltberühmter Naturforscher, "der Blumenkönig", 1741 bei einem Besuch auf der Insel Öland. Die gleiche Beobachtung macht heutzutage jeder, der auf der gewaltigen Brücke über den Kalmarsund zum ersten Mal nach Öland kommt.

Südöland wird von Stora Alvaret beherrscht, einer Kalksteinfläche, auf der die Vegetation seit hunderten von Jahren von weidendem Vieh niedrig gehalten wurde, Natur ohnegleichen. Eine offene Landschaft, gelegentlich von einem Busch bewachsen, fast flach und doch mit leichten, kaum wahrnehmbaren Höhenunterschieden. Stora Alvaret bietet kein sich dem Besucher augenblicklich erschließendes dramatisches Naturerlebnis. Diese

Ölandsgård, Långlöt.

*Blåeld, Neptuni Åkrar, Öland.
Im Hintergrund sieht man die Insel Blå Jungfrun im
Zentrum des Kalmar-Sunds, ein Nationalpark und
Landeplatz für Hexen – so geht jedenfalls die Sage.*

Landschaft ist eher unaufdringlich und zurückhaltend, aber wenn man sich Zeit nimmt für einen Spaziergang, dann offenbart Alvaret eine prähistorische, geradezu magische Erfahrung.

Überall auf der Insel finden sich Erinnerungen an unsere Vorväter. Ölands Geschichte reicht fast 10.000 Jahre in die Vergangenheit zurück; die uralten Festungen auf den Hügeln sind in der Landschaft klar auszumachen. Im Frühsommer ist Alvaret eine wahre Pilgerstätte für alle Botanikfreunde. Die typische Blume, Ölands Cistrose, bezaubert mit einem dichten Teppich aus prächtigen gelben Blütenblättern, und die vielen Orchideen machten schon zu Linnés Zeiten großen Eindruck.

Der südlichste Punkt auf Öland mit dem Leuchtturm Långe Jan liegt als strategisch günstiger Rastplatz auf dem Weg der Zugvögel. Hier kann man Arten sehen, die man nirgendwo sonst in Schweden findet. Außerdem gibt es hier eine ornithologische Station, in der Vögel beringt werden und man den Vogelzug erforscht.

Sandhammaren, Skåne - die südöstlichste Ecke Schwedens und gleichzeitig die Ecke mit den besten Sandstränden des Landes.

Schonen

Schwedens südlichste Provinz und wird oft mit gutem und reichlichem Essen in Verbindung gebracht. Seit Urzeiten ist die Gegend als Kornkammer Schwedens bekannt. Neben ihrem industrialisierten westlichen Teil besitzt Schonen auch eine hochleistungsfähige Landwirtschaft. In den südlichsten Regionen nimmt der Anbau den Großteil des flachen Landes ein.

In diesem landwirtschaftlich genutzten Bezirk sieht die Landschaft von oben wie eine bunte Flickendecke aus. Die einzelnen Flicken der Decke sind Ackerflächen verschiedener Farben, je nachdem, was hier gerade angebaut wird. Die Erzeugnisse der Kultivierung sind so attraktiv, daß sie sogar in die schwedische Literatur eingegangen sind. Ein Klassiker unter den Beschreibungen der Eß- und Trinkgewohnheiten der Leute aus Schonen ist Fritiof Nilssons Piratenbuch *Bock i örtagård*.

Natürlich lassen sich extravagante Speisen und Getränke an vielen Orten genießen, aber idealerweise vielleicht in Schonens traditionsreichen Gasthöfen.

Die Ebenen Zentraleuropas und die Bergregionen Nordeuropas treffen sich in Schonen, das in den südlichen Teilen ein kontinentales Gefühl dafür entwickelt hat. Schonen gehörte früher einmal zu Dänemark, bis zum Vertrag von Roskilde im Jahre 1658, und ist für schwedische Verhältnisse dicht besiedelt.

Im Osten liegt die hügelige Landschaft Österlen, die in erster Linie wegen ihrer Apfelplantagen bekannt und bei Künstlern, Schriftstellern und Urlaubern besonders beliebt ist. Alte Denkmäler, Burgen und stattliche Anwesen gibt es in Schonen zuhauf. Die Städte Malmö und Helsingborg an der Westküste sind Schwedens Tor zu Dänemark und Europa.

OBEN: *Die Brösarp-Hügel in Österlen. Fahren Sie langsam und genießen Sie die gewellte Hügellandschaft und die sich windenden Straßen.* UNTEN: *Im Winter ist Autofahren in Skåne kein sehr großes Vergnügen. Der Schnee fällt, wohin es ihm paßt, und mehrere Meter hohe Schneewehen sind keine Seltenheit.*

Der Hafen von Helsingborg ist das Tor zum Kontinent.
OBEN LINKS: *Ystad, eine uralte Stadt mit den traditionellen, für Skåne typischen terrassierten Häusern.*
OBEN RECHTS: *Turning Torso in Malmö ist das neue Kennzeichen der Öresundregion.*
UNTEN LINKS: *Rapsfeld in Österlen – das goldene Öl von Skåne.*
UNTEN RECHTS: *Mölle bei Kullaberg – eine der besten Adressen unter den Badeorten Schwedens.*

*Die abwechslungreiche Landschaft in Südschweden.
Hovs Hallar, Bjärehalvön. Blick über den Öresund.*

Die Øresundbrücke.

Die Westküste

GRANITKLIPPEN, TOURISTENPARADIESE UND FISCHERDÖRFER

Bohuslän ist Schwedens Atlantikküste, dahinter kommt das Skagerrak, die Nordsee und die weite Welt. Der Wind weht überwiegend aus Westen, und an stürmischen Tagen haben die Wellen von den britischen Inseln bis hierher freie Bahn, wie das an Land gespülte Strand- und Treibgut eindrucksvoll belegt.

Bohuslän liegt dort, wo die letzte kahle Abzweigung des skandinavischen Bergrückens aufs Meer trifft, woraus sich eine besonders abwechslungsreiche Landschaft ergibt. Nahe der Küste liegen kahle, wettergegerbte Felsen, deren Granit immer röter wird, je nördlicher man sich wendet. Dazwischen Küstenweiden mit üppiger Flora. Zwischen den Bergen schneiden tiefe Täler in die Landschaft, deren lehmhaltiger Boden einen fruchtbaren Untergrund zum Ernten und Weiden bietet. Eng an die Hänge geschmiegt und somit windgeschützt stehen sie da, die typischen weiflgestrichenen Bauernhöfe. Viele Künstler haben sich von dieser kontrastreichen Landschaft und deren ganz besonderem Licht inspirieren lassen, das aus der Kombination von salziger See, Bergen und Boden hervorgeht. Und nicht nur sie, auch die Wasserratten, Touristen und Segler, die seit Ende des 19. Jahrhunderts hier zusammenströmen.

Der unmittelbar nördlich von Vinga beginnende, die Küste von Bohuslän hinauflaufende schiffbare Kanal wird im Sommer so stark von Seglern frequentiert, daß man ihn auch scherzhaft die E6 des Meeres nennt, wobei mit E6 die europäische Autobahn gemeint ist, die Bohuslän von der Hafenstadt Göteborg bis zur norwegischen Grenze am Svinesund durchquert.

Vinga ist eine winzige felsige Schäre. Hier wuchs Evert Taube gegen Ende des vorigen Jahrhunderts als Sohn eines Leuchtturmwärters auf. Er wurde einer der beliebtesten schwedischen Dichter und Sänger, seine Werke zählen zu den besten Schilderungen Bohusläns in Worten, Musik und Bildern. Fischerdörfer der Region, Seefahrergemeinden, Küstengewässer und nicht zuletzt deren Bewohner kommen allesamt in seinen Gedichten und Liedern vor. Taubes Balladen charakterisieren die Romantik der schwedischen Schären, ganz gleich ob an der West- oder Ostküste.

Während wir Vinga langsam hinter uns lassen, kommt die populäre Insel Marstrand mit ihrer Festung in Sicht. Marstrands Tradition als Badeort geht bis ins 19. Jahrhundert zurück, als König Oskar der Zweite hier prominentester Gast war. Heutzutage ist die Insel eine Hochburg des Segelsports.

Orust, das nöchste grofle Eiland, ist Schwedens drittgrßflte Insel und berühmt für ihre Schiffswerften, Wälder und Landwirtschaft.

Wer ruhigere Fahrwasser bevorzugt, für den bieten die engen Kanäle rund um Flatön und Bassholmen, auf denen man Bootsfanatiker beim Restaurieren traditioneller Schiffe beobachten kann, eine wirklich idyllische Erfahrung.

Vom Ferienort Fiskebäckskil aus verkehrt eine Fähre quer durch den Gullmarsfjord zur Stadt Lysekil, wo man am Havets Hus das Leben im Meer beobachten kann, das nach schwedischem Standard hier besonders üppig ist.

Noch mehr Spafl macht das Baden, wenn man sich eine Taucherbrille aufsetzt und die Unterwasserwelt erkundet. Inmitten des wirbelnden Seetangs sieht man

Alte Fischerdörfer werden inzwischen von Sommerfrischlern heimgesucht. Tjörnekalv bei Tjörn.

Ein traditionelles Holzboot mit Motor ist das Traumschiff für Besitzer von Sommerhütten.

Hållö außerhalb von Smögen.

mit etwas Glück vielleicht einen leuchtend bunten Kuckucksjunker oder andere Fische mit lustigem Namen. Gleich nördlich von Lysekil erinnert uns die wie gemeißelt erscheinende Form des Bohus Malmön daran, daß die Steinbrüche neben der Fischerei, Landwirtschaft und dem Schiffsbau einst ein wichtiger Industriezweig waren. Gebäude aus Bohusgranit findet man in der ganzen Welt: am Arc de Triomphe in Paris und entlang der Hafengebiete von Buenos Aires und Havanna. Weiter geht's nach Norden, wir kommen vorbei an den Fjällbacka-Schären und erreichen Kosterrännan, den Kanal zwischen den Kosterinseln und Strömstad.

Kosterrännan ist Schwedens einzige Meeresumgebung mit Arten, die man sonst nur in tiefen Gewässern findet. Südlich von Strömstad liegt das Meeresforschungslabor Tjärnö, in dem Wissenschaftler diese reiche Unterwasserwelt erforschen. Im Sommer kann man das Leben unter Wasser in unterschiedlichen Tiefen im Tjärnöaquarium bewundern.

Gemeinsam mit den Kollegen in Lysekil und Fiskebäckskil beobachten die Wissenschaftler in Tjärnö auch Gefahren für das empfindliche Meeresökosystem. Im Osten, ein wenig landeinwärts, bieten die langen, schmalen Bullareseen und die Kynnefjäll-Hügel ein geradezu magisches Naturerlebnis. Viele Legenden ranken sich um seltsame Vorgänge in dieser Gegend, und in alten Zeiten sollen sich zahlreiche Schurken in die ausgedehnten Wälder geflüchtet haben, um ihrer Strafe zu entgehen.

Tanum ist die Heimat von 3.000 Jahre alten, in Fels gehauenen Szenen aus der Bronzezeit, die heute Weltkulturerbe der Unesco sind. Die Expertenmeinungen darüber, was genau die prähistorischen Bewohner Bohusläns darin wohl ausdrücken wollten, gehen zwar auseinander, aber es ist möglich, Themen wie Fruchtbarkeit, Jagd, Macht, Konflikt und eine Art Religion zu unterscheiden — kurz gesagt, genau die Themen, über die heutzutage Filme und Fernsehserien gedreht werden.

Der Leuchtturm Väderöbod ist ein kahler Außenposten im Skaggerak. Bis in die 1960er Jahre gab es Leuchtturmwärter, wobei den Wärtern eine Einsamkeitszulage gezahlt wurde.

Die Insel Åstol vor Tjörn. Warum all diese Häuser eins über dem anderen die Klippe hinunter gebaut wurden, ist ein Geheimnis, das im Dunkel der Zeitläufe verloren ging.

*In Smögen gibt es alles, was
das Meer zu bieten hat, zu Schleuderpreisen.
Ein Abendspaziergang auf der Mole für die Krabben-
auktion ist einer der Höhepunkte des Sommers.*

*Tjörn Runt - diese Segelregatta rund um die
Insel, die jedes Jahr im August veranstaltet wird, zieht
Hunderte von Booten und sogar noch mehr Zuschauer
zu einem Fest auf den Klippen an.*

Schwedische Häuser

VON SCHLÖSSERN BIS HIN ZU WOCHENENDHÄUSERN

Viele Schweden träumen immer noch von einem roten Landhaus mit weißen Fensterrahmen, das zum Synonym für das Ländliche, für den Sommer und für den Urlaub wurde.

Das Haus sollte vorzugsweise aus Holz bestehen, rot lackiert sein, weiße Fensterrahmen haben, das Giebeldach sollte möglichst mit Ziegeln gedeckt sein und im Garten sollte ein Fliederbusch stehen. Noch eine paar Birken und ein Flaggenmast ... und schon ist das Glück vollständig.

Natürlich können Sie Ihre rote schwedische Hütte dekorieren, wie Sie möchten, aber der wirkliche Zauber kommt mit der Zeit und durch die richtigen Accessoires.

Gelber Ocker ist eine traditionelle Farbe, mit der die herrschaftlicheren Häuser angestrichen wurden.

Im 18. Jahrhundert kam es in Mode, sein Haus mit Falu Rödfärg, einer roten Spezialfarbe anzumalen, deren Pigmente ein Nebenprodukt aus der Kupfermine in Falun sind.

Obwohl es ursprünglich eine Modeangelegenheit war, erwies sich die dicke rote Farbe als effektives Konservierungsmittel, das auch heute noch den modernen künstlichen Farben überlegen ist. Jeder, der durch Schweden reist, wird feststellen, daß die rote Farbe aus Falun überall im Lande eingesetzt wird.

In einem so waldreichen Land wie Schweden ist nur allzu verständlich, daß die Häuser aus Holz gebaut werden. In dieser mit Nadelbäumen so reich gesegneten Region war Kiefernholz der dominierende Rohstoff. Die unter knuttimring bekannte Tradition, nach der Stämme an den Ecken mit Schwalbenschwänzen versehen werden, stammt aus der Zeit der Vikinger. Beim eldhus (Feuer-haus) handelte es sich um ein aus einem Raum bestehenden Wohnhaus, in dessen Mitte ein Herd stand, dessen Rauch durch eine Öffnung in der Dachmitte abziehen konnte. Erst später gelang es, bessere Feuerstellen mit Kaminen zu bauen. Die Tradition des knuttimring hat jedoch auch heute noch Bestand.

In Gegenden mit Laubbäumen, so insbesondere im südlichen Schweden, werden andere Techniken angewandt; hier bestehen die Wände aus einem Rahmen vertikaler Pfeiler, die von schweren Eichenbrettern durchsetzt sind.

Ganz früher traf man in ländlichen Gebieten äußerst selten auf gemauerte Häuser; Ausnahmen bildeten hier die Inseln Öland und Gotland, wo man die dort vorhan-

Ein neues Haus in Massenproduktion, als Fertighaus zum zusammenbauen, komplett mit einem Turm.

denen Steine benutzte. Steinhäuser waren typischer für Städte, wo die Brandgefahr eine wichtige Rolle spielte.

Während die Landbevölkerung wahrscheinlich keine Schwierigkeiten hatte, ihre kleinen Holzhäuser zu heizen, saß die Aristokratie und die königliche Familie wohl mit klappernden Zähnen in ihren riesigen steinernen Schlössern, die man kaum heizen konnten.

Die zahlreichen Schlösser und Prachtbauten in Schweden erinnern uns an die Tatsache, daß Schweden einst eine Großmacht war. Die Schlösser wurden einerseits zu Verteidigungszwecken gebaut, andererseits wollte man damit den Rest Europas beeindrucken. So sollte es der Drottningholm Palast beispielsweise was Größe und Ausstattung anbetrifft mit Versailles aufnehmen.

Die ersten größeren Schlösser wurden in Schweden Mitte des 13. Jahrhunderts unter der Herrschaft des Gründers von Stockholm, Birger Jarl, gebaut.

Neben dem Schutz vor feindlichen Angriffen dienten diese mittelalterlichen Königsschlösser dazu, die Macht des Königs zu stärken, um die verschiedenen Teile des Landes regieren zu können.

Viele der im 16. Jahrhundert unter König Gustav Vasa gebauten Schlösser sind noch intakt: Kalmar, Gripsholm, Uppsala und Vadstena. Diese Schlösser dienten dem gleichen Zweck wie die mittelalterlichen Festungen.
In der Zeit, als Schweden im 17. Jahrhundert noch Großmacht war, trat die Aristokratie praktisch in einen Wettbewerb mit der Königsfamilie wenn es darum ging, Wohlstand und Macht zu demonstrieren. Skokloster,

Schloß Läckö auf dem Vänern-See - eines der prächtigsten Schlösser aus Schwedens Zeit als Großmacht. Im 16. Jahrhundert gebaut für Magnus Gabriel de la Gardie, heute eine bedeutende Touristenattraktion. Schwedische Schlösser. 1. Drottningholm, der Königspalast. 2. Sundby. 3. Vrams Gunnarstorp. 4. Hjularöds. 5. Kalmar. 6. Kina, Lovön.

1

2

3

4

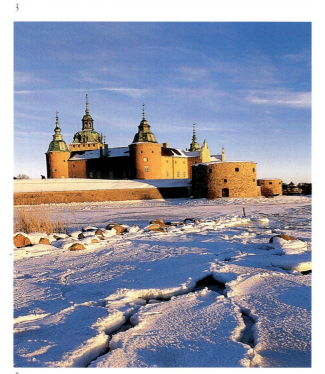

5

6

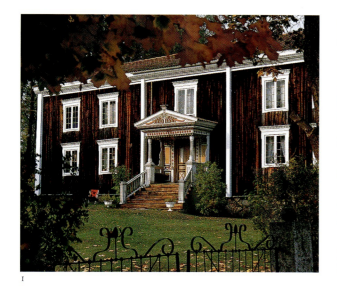

1. Im 18. und 19. Jahrhundert wurden die Bauernhäuser in Hälsingland oft einzig zu dem Zweck gebaut, die Nachbarn zu beeindrucken. 2. Dieses kleine Haus, Snoppebo auf der Insel Huvudskär, einer der Schäreninseln um Stockholm, wurde hauptsächlich aus Treibholz gebaut. 3. Vorgefertigte Sommerhäuser können inzwischen in Baumärkten zum Selberzusammenbauen gekauft werden. Aber Sommerhäuser sollten vorzugsweise neben einem See gebaut werden, weshalb das Grundstück teurer sein kann als das Haus. 4. Hütte in Härjedalen.

Läckö und Tidö sind Beispiele von Schlössern, die als Residenzen mächtiger Aristokraten gebaut wurden.

Das alte Stockholmer Schloß, Tre Kronor (Drei Kronen), fiel gegen Ende des 17. Jahrhunderts einem Feuer zum Opfer. Als Folge daraus wurde der Königliche Palast entworfen, der mit seinen 600 Zimmern der größte ganz Skandinaviens ist.

Zwischen den beiden architektonischen Extremen – Schloß und Landhaus – gibt es eine erstaunliche Vielfalt an Häusertypen. Dies reicht vom schmucklosen Funktionsbau bis hin zu reich verzierten Holzhäusern.

Auch gilt es zu beachten, wie gut sich die älteren Häuser in die Landschaft einfügen. Angesichts des in Schweden herrschenden, relativ rauhen Klimas bauen die Menschen ihre Häuser hier an nach Süden hin abfallenden Hängen, um das Sonnenlicht optimal ausnutzen zu können, gleichzeitig etwas in Höhenlage, um dem Frost im Tal zu entweichen und vorzugsweise mit einigen Bäumen oberhalb, um sich etwas vor dem Wind aus Nordwest zu schützen.

Gotland

EINE EINMALIGE INSEL

Gotland, die größte Insel in der Ostsee, erscheint zunächst als schmaler Streifen am Horizont. Bald darauf sieht man die hellen, steil aufragenden Klippen an der Westküste der Insel, doch erst wenn man an Land gegangen ist, lernt man die Magie dieses Ortes schätzen. Gotland ist einfach einzigartig. Man fühlt sich ins Mittelalter zurückversetzt, wenn man die alte Hansestadt Visby mit der charakteristischen Stadtmauer, dem Kopfsteinpflaster, den Kirchenruinen und malerischen kleinen Häuschen und Gassen durchstreift.

Nicht wenige Besucher Gotlands hat Visby derart in ihren Bann geschlagen, daß sie den ganzen Urlaub in dieser einzigartigen historischen Umgebung verbrachten. Von der Stadtmauer aus dem 13. Jahrhundert umkränzt, ist die Stadt im Prinzip ein einziges großartiges Denkmal, das sich seinen Status als Unesco Weltkulturerbe zu Recht verdient hat.

Die Stadtmauern von Visby wurden im 13. Jahrhundert errichtet und sind das größte von Menschen errichtete Bauwerk in Schweden.

Im Hochsommer herrscht reges Treiben in den Gassen. Gerade junge Menschen zieht es nach Visby, und die Restaurants, Cafés und Kneipen sind gerappelt voll. Falls es einmal zu warm werden sollte, hat man es nie weit bis zum Meer. Vielen Menschen gefällt das gemächlichere Tempo besser, das nach Abebben der touristischen Hochsaison vom Hochsommer bis Mitte August in Visby herrscht. Der Herbst auf der Insel ist mild, und noch bis weit in den Oktober hinein kann man die warmen Tage genießen, denn die während des Sommers vom Meer gespeicherte Wärme wirkt jetzt noch nach.

Für die meisten Besucher ist Gotland aber eine Sommerinsel mit viel Flair und einer unverwechselbaren Landschaft. Die Kalkfelsen mit ihrer ganz besonderen Flora einschließlich seltener Orchideenarten, die ganze Schönheit von Gotlands blühenden Wiesen, Stränden, Felsen und Klippen, Sonne und Meer — in dieser schönen Umgebung kommt man zur Ruhe. Es kommt einem

vor, als befände man sich viel weiter südlich, fast wie am Mittelmeer. Dem Küstenklima verdankt die Insel wesentlich mehr Sonnenstunden als die meisten anderen Orte in Schweden.

Gotland schwelgt in abwechslungsreicher Natur. Von der spröden Schönheit Fårös im Norden der Insel bis hin zu den idyllischen Feldern direkt an der Küste, auf denen das Vieh weidet; blühende Wiesen, Kiefernwälder, Seen und unzählige Strände, von denen jeder wieder anders

Die zweite Augustwoche ist jedes Jahr eine Mittelalterwoche in Gotland. Dann verwandelt sich Visby in eine Hansestadt des vierzehnten Jahrhunderts. Valdemar Atterdag von Dänemark droht wieder einmal, genau wie 1361, die Stadt niederzubrennen. Tausende verkleiden sich – vom Bettler zum Ritter ist alles vertreten – und nehmen eine Woche lang an diesem Festival mit Festen, Turnieren und Märkten teil.

ist. Vom feinstem Sand bis grobem Kiesel ist alles vertreten. Charakteristisch für die Landwirtschaft sind die weidenden Schafe, die auch das traditionelle Wahrzeichen Gotlands sind.

An den Küsten der Insel herrscht reges Vogelleben. Manche Gebiete sind während der Brutzeit im Frühling und Frühsommer für die Öffentlichkeit gesperrt, da es aber zahlreiche Beobachtungsposten und Aussichtstürme gibt, kommen Vogelfreunde voll auf ihre Kosten.

Zum Radfahren ist Gotland ideal. Hier gibt es viele hübsche Wege am Meer entlang, aber auch andere, auf denen man das landwirtschaftlich geprägte Gesicht der Insel kennenlernt. Kultur und Geschichte finden sich praktisch nebenbei am Wegesrand.

Die vielen Steinkirchen sind Denkmäler aus Gotlands Blütezeit im frühen 12. Jahrhundert, darin sind viele bedeutende Kunstschätze geborgen. Grabhügel und Steinhaufen aus der Bronzezeit, Grabstätten aus der Eisen-

zeit und Festungen aus den Jahrhunderten unmittelbar nach Christi Geburt rufen die Erinnerung an die Bewohner Gotlands quer durch alle Jahrhunderte wach. Auch Künstler hat Gotland von jeher angezogen, die vom besonderen Licht des Meeres und der Kalkfelsen, von der einzigartigen Natur der Insel und dem Gefühl, daß die Vergangenheit hier auf die Gegenwart trifft, fasziniert waren. Dennoch, ein getreues Bild dieser Landschaft des Lichts kann nur im Gedächtnis fortbestehen.

Offene, oft heideähnliche, vor allem von Schafen bevölkerte Landschaft: das ist der typischste Anblick von Gotland. Barshageudd, der südlichste Zipfel der Insel. Die Häuser auf der Insel werden oft aus Kalkstein gebaut. Dieser Gebäudestil ist sehr alt und nur in Gotland zu finden.
60-61: Gotland liegt mitten im Meer, ohne von einem Inselmeer umgeben zu sein. Die offene See fängt da an, wo das Land endet. Die Boote werden einfach aus den Wellen heraus auf die Kiesstrände gezogen.

Traditionelle Einrichtung der gotländischen Häuser. Der Stil dieser historischen Einrichtungen ist zwischen hundert und dreihundert Jahre alt. Neue Häuser sehen in Gotland kaum mehr so aus, aber Zeitschriften für Inneneinrichtung senden ihre Journalisten aus allen vier Ecken der Welt nach Gotland, um immer und immer wieder über dieses Phänomen zu berichten.

64-65: *Die Landschaft auf Gotland ist die intakteste Schwedens. Der harmonische Flickenteppich aus Bauernhöfen, Kirchen und Feldern auf dem Lande ist seit undenklichen Zeiten unverändert geblieben. Groddagården in Fleringe. Langhammars Steinsäulen, Fårö. Diese Steinsäulen wurden von der See ausgewaschen. Auch wenn sie sehr alt sind, können sie leicht beschädigt werden.*

Dalarna

HEIMAT DER SCHWEDISCHEN ROMANTIK

Seit Generationen wird Dalarna mit ihren lebendigen Traditionen wie den Feiern zur Sommersonnenwende, der Fiedelmusik und den Bauerntrachten als Verkörperung des Kerns alles Schwedischen betrachtet. Schon der Name Dalarna (die Täler) klingt poetisch. Diese Region setzt sich aus unzähligen verschiedenen Tälern, Bergen, Hügeln und Seen zusammen.

Um die Jahrhundertwende herum haben die beiden Künstler Carl Larsson und Anders Zorn viel dazu beigetragen, die Bewegung der schwedischen Nationalromantik zu fürdern und schliefllich zu internationalem Ruhm zu führen.

Anders Zorn, Selbstportrait. Der berühmteste Portraitist in Dalarna und vielleicht sogar ganz Schweden. Mittsommernacht, das Pfarrboot auf dem Siljan-See. Die Tracht von Leksand – ein urschwedisches Markenzeichen, das nur in Dalarna zu sehen ist.

*Fryksås, Schafstall, Wintersonnenwende.
Die idyllische Winterlandschaft, die nur auf
Weihnachtspostkarten existiert.*

*Schwedens traditionelle Tracht gibt es in Hunderten
regionaler und lokaler Variationen. Und wer die Tracht
trägt ist von Traditionen und Gebräuchen gebunden, die
z.B. festlegen, ob Frauen ihr Haar hochstecken oder nicht,
ob sie eine Kopfbedeckung tragen müssen oder keine.*

Bereits in den ersten Jahren dieses Jahrhunderts war Dalarna schon Anziehungspunkt für eine steigende Zahl von Besuchern, den Anfängen des Massentourismus.

Viele Reisende der damaligen Zeit sahen in Dalarna ein einziges großes Volksmuseum. Dadurch zogen sie sich den Ärger der Einwohner zu, die nicht darauf gefaßt waren, sich wie Exponate einer Ausstellung zu verhalten. Mit Demonstrationen gegen den Tourismus endete das ganze schließlich 1918 in Rättvik. Die Preise waren hoch, das Essen rar und den Touristen war Priorität eingeräumt worden.

Heute sind Besucher in Dalarna willkommen, der Massentourismus ist eine der Haupteinnahmequellen.

Traditionelle Kultur wie beispielsweise das Fiedelspielen gedeihen aber nach wie vor. Diese volkstümliche Musik führt ein Eigenleben. Der Fiedelverein von Dalarna hat 1.300 Mitglieder und ist damit die gröflte derartige Gruppe in ganz Schweden. Die Musiker spielen nach Gehür, ohne Noten, und geben die Melodien von Generation zu Generation weiter, indem sie den Nachwuchsfiedlern einfach vorgespielt werden.

Bei manchen Melodien juckt es einen in den Füßen und man möchte tanzen, andere wiederum drücken die Melancholie der groflen Wälder aus.

Fiedlerversammlungen ziehen Menschenmassen von nah und fern an.

Schon in den 30er Jahren drängte man die Touristen, nicht nur die schöne Gegend rund um den Siljansee mit seinem gehegten und gepflegten Kulturerbe zu besuchen, sondern sich auch für die gesamte Region ein wenig Zeit zu nehmen. Aufgrund ihrer Lage am Treffpunkt von Nord- und Südschweden ist Dalarna auch was die Natur anbelangt einzigartig. Von den einsamen Mooren im Norden bis zu den fruchtbaren Laubwäldern im Süden ist dieses Gebiet die nördlichste Grenze für viele Arten von Flora und Fauna.

Neben kommerziell wichtigen Nadelbaumschonungen kann man die Überbleibsel des Urwaldes sehen, der mittlerweile unter Naturschutz steht. Nördlich von Orsa kann man hin und wieder sogar einem Bären begegnen.
Der Bergbau hat eine zentrale Rolle in der Geschichte Dalarnas gespielt. Eisenerz in den Bergen, Wälder und Wasserläufe: die Region hatte alles, was zum Betreiben von Hochöfen und Schmelzhätten notwendig ist.
Im südlichen Gebiet, den Bergslagentälern, findet man viele Monumente aus der Blütezeit des Bergbaus. Ein Besuch der ehemaligen Schmelzstätten entfacht die Phantasie.

Aber nicht nur das Eisenerz war wichtig, auch der Kupferbergbau. Am offensichtlichsten treten die Produkte aus Dalarna wohl an all den rotgestrichenen Häusern und Scheunen in Schweden in Erscheinung. Die rote Farbe ist ein Nebenprodukt der Kupfermine in Falun, die vor 1.000 Jahren den Betrieb aufnahm und Mitte des 17. Jahrhunderts ihre Blütezeit erreichte, als Falun Schwedens Hauptindustriestadt war.

Die Kupfermine in Falun ist mittlerweile stillgelegt worden, aber ein Teil wurde erhalten und ist als Museum für Besucher geöffnet, und auch die Herstellung der roten Farbe läuft weiter.

Die lokale Tracht ist die zeitlose Mode für Jung und Alt. Trachten aus Rättvik.

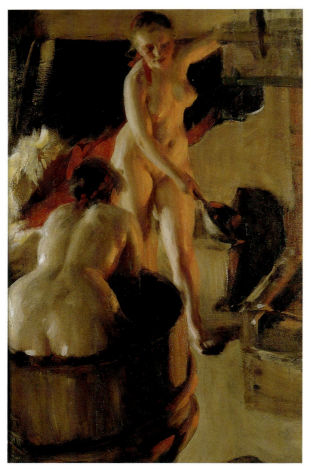

*Vasaloppet ist ein 90 km langer Ski-Wettlauf,
an dem jedes Jahr um die zehntausend Menschen teilnehmen. Nur ein Teil davon wetteifern miteinander.
Die große Mehrheit kämpft gegen sich selbst, mit dem
Hauptziel, es bis zum Ziel zu schaffen. Beim
Start gibt es viel Tumult.
Frauen waren in Dalarna immer wichtig.
Anders Zorn malte badende Frauen mit großer Liebe.
Bei dem Vasaloppet-Lauf wird dem Blumenmädchen mehr
Aufmerksamkeit gewidmet als dem Sieger des Rennens.*

Die Wälder

EIN URALTER ZUFLUCHTSORT

Das Moos glänzt saftiggrün im Sonnenlicht, das zwischen den Ästen der Fichten hindurchfällt. Die Heidel- und Preiselbeerzweige rascheln bei jedem Schritt, den man tut. Sieh mal, ein Pfifferling! Goldgelb, die Freude eines jeden Pilzsammlers.

Ein kleiner Bach plätschert vor sich hin. Ansonsten Stille, der Wind ist nur ein schwaches Rauschen in den Baumwipfeln und an den kahlen Berghängen. Ein Specht sucht in einer alten, verwundenen Kiefer nach Nahrung.

Eine Stunde im Wald spazierenzugehen ist das Lebenselixir der Schweden. Mag sein, daß sie es nicht alle regelmäßig tun, aber der Gedanke daran liegt ihnen niemals sehr fern.

Die wechselnden Farben des Herbstes im Birkenwald der hügeligen Bergausläufer. Der Herbst ist zu Beginn am besten, wenn alle Farben gleichzeitig zu sehen sind. Das kann man nur ein paar Tage genießen, dann ist alles gelb.

Die Wälder sind Spielplatz aller Schweden und mit wenigen Ausnahmen nie besonders fern, egal in welcher Gegend von Schweden man lebt. Über die Hälfte des Landes ist mit Bäumen bestanden, hauptsächlich mit Nadelbäumen.

Die Schweden begegnen den Waldbewohnern zum ersten Mal in Märchen und Kinderliedern. Wir singen von Mutters kleinem Olle, der in den Wäldern auf einen Bären stößt, von Putte, dessen Lippen blaurot werden wie bei allen Kindern, die Heidelbeeren gegessen haben, und von Preiselbeermarmelade, einer wesentlichen Beilage zu schwedischen Pfannkuchen.

In den Wäldern ist es nicht unwahrscheinlich, auf Wild zu treffen, auf einen Hirsch oder Elch, oder auch auf Waldvögel wie den Auerhahn und das schwarze Moorhuhn. Und weiter nördlich kann es gelegentlich sogar ein Bär oder Wolf sein.

Heutzutage sehen nicht mehr viele Wälder so aus wie

Die Gaben der Natur – Pilze suchen und Beeren sammeln zum Eigengebrauch ist in Schweden kostenlos und gehört zum Recht auf öffentlichen Zugang, dem "Jedermannsrecht" (auf Schwedisch: "allemansrätt").

in den Märchen, und vollkommen unberührte Waldflächen sind auch in Schweden selten. Seit Urzeiten haben die Wälder uns mit Brenn- und Bauholz versorgt und uns mit Beeren und Pilzen Nahrung gespendet.

Holz und Papierbrei waren über lange Zeit die wichtigsten Exportartikel Schwedens. Alte Wälder oder Überbleibsel der Urwälder werden im Zeitalter der maschinellen Forstwirtschaft immer seltener.

Massenrodung und Wiederaufforstung haben die herkömmlichen Methoden abgelöst und dabei auch die Artenvielfalt in den Wäldern dezimiert. In den letzten Jahren hat das gestiegene Umweltbewußtsein dazu geführt, daß man auch in der Forstwirtschaft umdenkt, sich für ökologische Vielfalt interessiert und die Rodungsmethoden verbessert. Manche alten Waldflächen wurden unter Schutz gestellt. Selbst die kommerziell genutzten Wälder bieten eine Fülle interessanter Natur, wenn die Holzgewinnung nur mit Bedacht durchgeführt wird.

Der Wald ist Schwedens wichtigster Bodenschatz. Unglücklicherweise kommt es oft zum Konflikt zwischen emotionalen und biologischen Interessen und finanziellen. Es ist nicht immer einfach, den Märchenwald zu erhalten und dabei Forstwirtschaft zu betreiben. Die Holzindustrie und die von ihr verwendeten Methoden geben ständig Anlaß zu Konflikten.

Industriewald, Sumpfwald, geschützte Urwälder: Das ganze Land ist mit Wald bedeckt, von ein paar Dutzend Kilometern an beiden Seiten abgesehen. Alter und Art der Bäume sind jedoch überall anders. Ramtorp, Sörmland. Njakafjäll, Lappland. Urwald, Stora Sjöfallet Nationalpark.

Lappland

BERGE, SÜMPFE UND WILDNIS

Das Thermometer zeigt 30 Grad unter Null. Die Luft ist vollkommen still, gefrierender Nebel hüllt die Täler ein. Der Atem verwandelt sich in weißen Frost an Haaren und Bart, und der Rauch aus dem Schornstein der einsamen Hütte steigt senkrecht in den rosafarbenen Himmel.

Europas letzte Wildnis. Kein Haus, keine Straße, kein Telefonmast so weit das Auge reicht. Dafür aber das Erlebnis einer vollkommen unberührten Natur. Menschen aus aller Herren Länder kommen hierher, um dieses Gefühl zu erleben. Um das Nordlicht zu sehen, jene bemerkenswerte atmosphärische Erscheinung grün schimmernder Schleier, die in kalten, klaren Winternächten hoch oben in der Ionosphäre tanzen, und die Mitternachtssonne, ein ebenso unvergeßlicher Anblick, den man während des Sommers bestaunen kann.

Mitten in Lappland, mitten im Winter. Es ist kalt 30/40°C unter Null sind keine Seltenheit. Knivkammen, Kebnekajse.

Aber nicht das gesamte Gebiet des schwedischen Teils Lapplands besteht noch aus Wildnis. Die moderne Forstwirtschaft kommt an vielen Stellen zum Einsatz, zahlreiche Flüsse und Wasserläufe wurden aufgestaut, um aus Wasserkraft Strom zu erzeugen. Motorschlitten haben manche Gebiete besser zugänglich gemacht — wenn auch nur im Winter.

Weite Teile der Landschaft bestehen aus schier endlos erscheinenden, tiefliegenden Wald- und Sumpfgebieten.

Im Westen, Richtung norwegischer Grenze, erhebt sich die Landschaft zu hohen Gebirgen, zum Skandinavischen Bergrücken, der von hier aus nach Süden verläuft, bis er sich teilt und am südwestlichsten Ende in die Nordsee abfällt.

Forstwirtschaft und Bergbau waren viele Jahre lang Nordschwedens wichtigste Industriezweige. Der Export trug in nicht unerheblichem Maße zum Wohlstand des Landes bei. Auch Schwedens Wasserkraftwerke liegen hauptsächlich im Norden des Landes. Wie in den meisten anderen Teilen der Welt hat die Ausbeutung natürlicher Ressourcen durch den Menschen auch in Schweden ihre Spuren hinterlassen, die sich mancherorts nicht mehr ganz beseitigen lassen.

Echte Wildnis findet man in der nordwestlichsten Ecke des Landes. Hier befindet sich Europas größtes Naturschutzgebiet mit wirklich unberührter Natur. Die Nationalparks Padjelanta, Sarek, Stora Sjöfallet und Muddus, die Naturreservate Sjaunja und Stubba sowie

Samische Handwerker und die Gaben der Natur.

Pielaslätten, Sarek National Park. Inzwischen ein von der UNESCO als Naturerbe der Welt geschützter Naturpark.

*Ein traditionelles Samenzelt, eine kåta – genau so hergestellt wie vor Hunderten von Jahren.
Heutzutage wird sie nur draußen in den Bergen verwendet.*

Jedes Rentier ist für einen Samen eine Kapitalanlage auf vier Beinen. Zu wenig Äsung, Autos, Wölfe und sogar Rentier-Wilderer sind eine stetige Bedrohung ihres Lebensunterhalts. Die Rentiere laufen frei herum und werden nur als Herde zusammengetrieben, wenn sie markiert oder geschlachtet werden sollen.

*Teilen der Rentierherden im Herbst –
harte, staubige Arbeit.*
OBEN: *Die Nordlichter, ein Naturphänomen im Winter.*
UNTEN: *Höhle, Björkliden. Hier unten gibt es weder Nordlichter, noch Mittsommernachtssonne. Und auch nicht so viele Touristen. Björkliden ist eher für seine überirdischen Attraktionen bekannt, nämlich als Skiparadies.*

Sulitelma, Tjucltadal und Rapadelta – das unter dem Namen Laponia bekannte Gebiet ist dank seiner großartigen Natur, der üppigen Flora und Fauna und seiner historischen Bedeutung für die Kultur der Lappen so einzigartig und einmalig, daß es als Weltkulturerbe der Unesco unter Schutz gestellt wurde.

Das in diesem Gebiet vereinte Natur- und Kulturerbe ist von unschätzbarem Wert. Von Urwäldern und Sümpfen bis hin zu steil aufragenden Bergen, Gletschern und imposanten Wasserfällen findet man hier alles an einem Fleck. Hier kann man Bären, Luchse, Vielfraße und gelegentlich auch Wölfe sehen, obwohl letztere in den vergangenen Jahren zum Großteil nach Süden abgewandert sind. Am Himmel über Lappland ziehen Stein- und Seeadler, Bussarde und Wanderfalken ihre Kreise und halten nach Beutetieren Ausschau.

Laponia ist darüber hinaus auch der Ursprung der traditionellen lappischen Kultur. Die ältesten Spuren menschlicher Besiedelung gehen über 7.000 Jahre zurück.

Diese Spuren sind nicht allzu offensichtlich, aber es gibt sie nichtsdestoweniger. Tausende uralter Fallgruben legen Zeugnis darüber ab, daß die Ureinwohner Schwedens sich von der Jagd auf wilde Rentiere ernährten. Erst im 17. Jahrhundert wurde die Rentierhaltung zur Hauptbeschäftigung der Lappen.

Kebnekajse, Südspitze.
In Sarek können Sie tage- manchmal wochenlang
wandern, ohne eine Menschenseele zu treffen.

Fest und Feiertage

DIE HÖHEPUNKTE DES JAHRES

Skansen, das Volksmuseum in Stockholm, bietet eine Sammlung traditioneller ländlicher Gebäude, Traditionen und Festivals von ganz Schweden. Die Mittsommernachtsfeierlichkeiten sind dem Stil angepaßt.

Die Walpurgis-Nacht am 30. April im Schloß Örebro. Im gesamten Land werden verschiedenste Lagerfeuer angezündet, vom Blätterhaufen bis hin zu Müllbergen. Die Menschen singen Studentenlieder und heißen den Frühling willkommen.

Eine Hochzeit in Whitsun. Sie müssen die Kirche unter Umständen bis zu einem Jahr im voraus buchen.
Eine Fruchtsaftparty in der Gartenlaube - ein Höhepunkt für Kinder insbesondere in der Mittsommernacht.

*Mittsommernachtsfeierlichkeiten auf dem Land. Rundtänze,
Spiele und Volksmusik am Nachmittag. Hering, neue Kartoffeln, Erdbeeren und ein Drink.*

Sommer, Sommer, Sommer - Schweden genießt die vorgeschriebenen fünf Wochen Ferien; einen Teil davon nach guter alter Tradition sogar in der Hängematte.

Beim eingelegten Hering handelt es sich um einen rohen, fermentierten Fisch, der insbesondere in Nordschweden den Status eines Kults und einer Tradition erreicht hat. Entweder mögen die Leute dieses Gericht oder sie wenden sich sofort ab, sobald der Geruch beim Öffnen der Dose entweicht.

Während des Augusts ist es zwar weiterhin sommerlich warm, der Abend senkt sich jedoch wie ein schwarzer Schleier über das Land. Dies ist die Zeit für das Fangen der Krebse in den Seen und Flüssen. Diese werden zusammen mit viel Dill solange gekocht, bis sie eine delikate rote Farbe erreicht haben. Die Krebse werden dann unter Einhaltung bestimmter Rituale gegessen. Die Schalen müssen entfernt, Sirup muß aufgetragen und die verschiedenen Teile zusammen mit Schnaps, Brot und Käse verkostet werden. Dies alles im Schein chinesischer Laternen.

Das Dinner, an dem jeder gerne teilnehmen möchte, zu dem jedoch nur wenige eingeladen werden – die im Dezember stattfindenden Feierlichkeiten anläßlich der Nobelpreisverleihung in der Stadthalle zu Stockholm. Geschirr, Essen und Service sind sagenhaft.

Lucia, die Königin des Lichtes, wird am 13. Dezember feierlich geehrt. Von einem Chor begleitet besucht sie mit ihrer Gefolgschaft Familien und Betriebe in ganz Schweden und strahlt dabei Licht und Schönheit aus. Selbst die Nobelpreisgewinner, die sich jedes Jahr zu diesem Zeitpunkt in Stockholm aufhalten, werden von einer Lucia-Prozession geweckt.

Weihnachtsessen an Bord der Gustafsberg VII, einem Boot, das im Inselmeer vor Stockholm liegt. Jedes schwedische Unternehmen, das etwas auf sich hält, lädt seine Mitarbeiter und Kunden im Dezember zu einem Weihnachtsessen ein.

Exkursionen und Sehenswürdigkeiten

ER, DER VERREIST, ERLEBT ETWAS

*An allen schönen Sommerabenden werden Ballonfahrten über Stockholm angeboten.
Ein solcher Trip muß jedoch mindestens zwei Tage im voraus gebucht werden.*

*Das Volksmuseum und der Zoo in Skansen auf Djurgården zeigen alle skandinavischen Tiere.
Die exotischeren Tierarten sind den Zirkusveranstaltern überlassen, die Stockholm im Sommer aufsuchen.*

Das aufsehenerregende Kriegsschiff Wasa, das auf seiner Jungfernfahrt im Jahre 1628 vor den Augen der Stockholmer Bevölkerung sank

Erst im Jahre 1961 wurde das Schiff aus den Ström-Gewässern von Stockholm gehoben. Das Wasa-Museum ist ganzjährig geöffnet.

Markttag während der im August abgehaltenen 'Mittelalterlichen Woche von Gotland' - ein spannendes Ereignis, zu dem Sie am besten ein mittelalterliches Kostüm tragen.

Die Kreuzfahrt der Tausend Inseln – ein ganztägige Reise von Stockholm zu attraktiven Inseln im Grenzbereich zur offenen See. Die Kapelle von Ansgar auf Birka, einer Insel im Mälaren-See. Hier handelt es sich um die größte Siedlung der Vikinger im alten Schweden. Der Hallwyl-Palast in Stockholm. Prächtig, verziert und unglaublich extravagant.

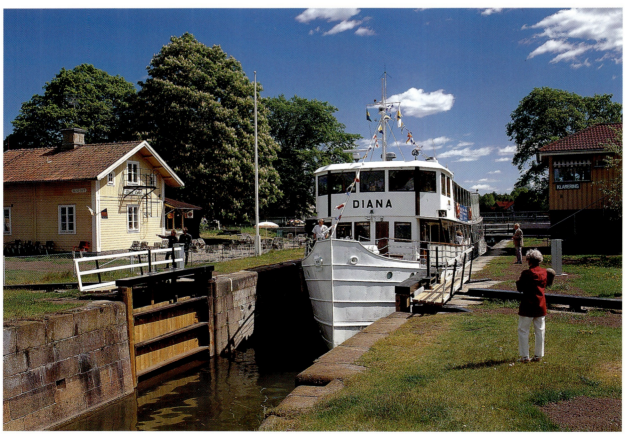

Man kann Holzflöße mieten, um gemächlich den Klarälven-Fluß in Värmland hinabzutreiben. Eine Fahrt auf dem Göta-Kanal ist wie eine Schiffsreise auf dem Land. Die Reise durch das Herz Schwedens nimmt drei Tage in Anspruch.

Zorngården in Mora, wo einer der größten Maler Schwedens, Anders Zorn, in einer ehemaligen Bäckerei aus dem 12. Jahrhundert sein Atelier hatte. Eine bemerkenswerte Mischung verschiedener architektonischer Stile, die der Künstler selbst konzipiert hatte.

Unser Beitrag zum gemeinsamen Erbe der Welt

BEWAHRENSWERTE ORTE

Manche Orte auf dem Globus sind so wertvoll, daß ihre Bewahrung im Interesse der ganzen Menschheit ist. Diese unbezahlbaren Schätze können entweder Kulturgüter oder Naturphänomene sein. In dem Übereinkommen zum Schutze des Kultur- und Naturerbes der Welt der Vereinten Nationen werden rund 500 Orte in der ganzen Welt als gemeinsames Erbe der Menschheit ausgewiesen. Ungefähr zehn dieser Orte liegen in Schweden.

In Tanum in Bohuslän gibt es wunderbare Felsritzzeichnungen aus der Bronzezeit, die ungefähr 3.000 Jahre alt sind.

Schloß Drottningholm am Mälaren-See, auch als "Kleines Versailles" bekannt, ist ein einzigartig gut erhaltener, nach skandinavischem Maßstab ungewöhnlich großer Palast.

Birka auf der Insel Björkö im Mälaren-See war im früheren Schweden ein wichtiges Handelszentrum der Wikinger.

Skogskyrkogården in Stockholm ist ein Beispiel für ein komplett in streng funktionalistischem Stil gehaltenes Architekturkonzept.

Die Hansestadt Visby ist mit ihren gut erhaltenen Stadtmauern eine einzigartige mittelalterliche Umgebung.

Engelsbergs Bruk in Västmanland erinnert an die Bedeutung des Bergbaus.

Die Kirchenstadt Gammelstads in Luleå ist eine Ansammlung kleiner Hütten, in denen Familien übernachteten, die weit reisen mußten, wenn sie an größeren Kirchenfesten teilnehmen wollten.

Naturerbe der Menschheit Lappland, der erste Naturpark in Skandinavien, der zum gemeinsamen Erbe der Menschheit erklärt wurde, ist gleichzeitig auch für die Samen Kulturerbe der Welt.

Bevölkerung: 8,5 Millionen. Fläche: 449,964 km². Nord-Süd-Ausdehnung: 1.574 km. Ost-West-Ausdehnung: 499 km. Illustration: Hans Sjögren.

Die schwedische Königliche Familie. Schloß Drottningholm, Mälaren-See. Die Hansestadt Visby. Engelsbergs Bruk, Västmanland. Die Felsritzzeichnungen in Tanum, Bohuslän. Die Kirchenstadt Gammelstads, Luleå. Lappland, Skandinaviens erster, zum Naturerbe der Welt erklärter Naturpark.

Photographen und Bildquellen

Per Erik Adamsson/Great Shots: 97. Rolf Adlercreutz/Tiofoto: 53. Ragnar Andersson/Tiofoto: 70, 71, 74. Torbjörn Arvidsson/Tiofoto: 53. Kenneth Bengtsson/Naturbild: 50/5, 79, 79. Staffan Brundell/Great Shots: 18. Dick Clevestam/Naturbild: 94. Lars Dahlström/Tiofoto: 46, 66-67, 69, 72, 72-73, 100. Per Domeij: 111. Anders Ekholm/Tiofoto: 50/1, 51, 59, 81, 90-91, 111. Peter Gerdehag/Great Shots: 18, 22, 23, 25, 26-27, 29, 44-45, 50/3, 68-69, 74-75, 83, 84-85, 92. Christer Hallgren: 44. Sven Halling/Naturbild: 102. Hans Hammarskiöld/Tiofoto: 54. Bengt Hedberg/-Naturbild: 51, 76, 79. Jan Kofod Winther/Vision: 33. Jan Peter Lahall/Great Shots: 46-47, 92-93, 95. Peter Lilja/Great Shots: 77. Nationalmuseum: 66, 72. Tero Niemi/Naturbild: 50/2. Pressens Bild: 111. Jan Rietz/Tiofoto: 53. Magnus Rietz: 4, 7, 8-9, 10, 12-13, 14, 15, 16, 17, 19, 20-21, 24-25, 28, 30, 31, 34, 35, 36-37, 38-39, 40-41, 42-43, 49, 50/6, 52, 53, 55, 56, 57, 58, 60-61, 64-65, 82, 96, 98, 99, 101, 102, 106, 107, 107, 111. Anders Rising/Tiofoto: 62, 63, 107, 109. Pierre Rosberg/Tiofoto: 27. Stefan Rosengren/Naturbild: 108. Sven Rosenhall/Great Shots: 31, 44, 50/4. Ulf Sjöstedt/Tiofoto: 48. Hans Strand/Great Shots: 5, 6-7, 8, 11, 32-33, 78, 80, 81, 88-89, 94, 99, 103, 104-105, 111. Lars Thulin: 85, 89. Kurt Wästfelt: 86, 87. Lars Åström/Tiofoto: 100. Stefan Örtenblad./Naturbild: 79.

© N.W. DAMM & SØN AS
0055 OSLO
NORWAY

TEXT: MAGNUS KRISTENSON
ISBN: 978-91-7715-670-3

DISTRIBUTED IN SWEDEN BY DAMM FÖRLAG AB
PRINTED BY: NARAYANA PRESS, 2007

EVERY EFFORT HAS BEEN MADE TO TRACE COPYRIGHT HOLDERS, BUT IF ANY HAVE BEEN OVERLOOKED, THE PUBLISHER WILL BE PLEASED TO MAKE NECESSARY ARRANGEMENT AT THE FIRST OPPORTUNITY. THIS UNIQUE COVER DESIGN IS RECOGNISED THROUGHOUT THE WORLD. IT IS YOUR GUARANTEE, ACCEPT NO IMITATIONS.